LE CHRISTIANISME

ET

L'IMAGINATION

DISCOURS

Prononcé à la seconde Conférence universelle des Unions chrétiennes de jeunes gens d'Europe et d'Amérique, tenue à Genève le 26 Août 1858

PAR

EUGÈNE BERSIER

PARIS

LIBRAIRIE MEYRUEIS & Cᵉ, 174, RUE DE RIVOLI

—

1858

LE CHRISTIANISME

ET

L'IMAGINATION

DISCOURS

Prononcé à la seconde Conférence universelle des Unions chrétiennes de jeunes gens
d'Europe et d'Amérique, tenue à Genève le 26 Août 1858

PAR

Eugène BERSIER

PARIS

LIBRAIRIE MEYRUEIS & Cᵉ, 174, RUE DE RIVOLI

—

1858

LE CHRISTIANISME ET L'IMAGINATION

I

J'ai à vous entretenir, Messieurs, des rapports du christianisme et de l'imagination. La question est délicate, car ces rapports n'ont pas toujours été pacifiques, et bien des anathèmes se sont croisés dans cette arène, où je viens vous conduire aujourd'hui. Cherchons d'abord les motifs qui ont produit ces luttes. Expliquer les causes de la guerre est un des moyens les plus certains de s'entendre ensuite sur les conditions de la paix.

Pour aborder notre sujet en face, transportons-nous au premier siècle de notre ère, en Grèce, à Corinthe, par exemple, au moment où l'Evangile y est annoncé pour la première fois. Le bruit a couru dans cette ville qu'un homme est arrivé d'Orient, porteur d'une doctrine étrange qui étonne et scandalise. Le Fils de Dieu aurait vécu sur la terre de Judée, il y serait mort comme un misérable sur une croix infâme, et il faudrait croire en lui pour être sauvé. Je suppose un jeune Grec qui entend parler de ces choses ; je le suppose vif, spirituel, d'une imagination ardente, passionné pour le beau

comme l'étaient les Grecs; je le suppose encore
quelque peu sceptique et blasé comme l'étaient ses
contemporains; je vois un sourire moqueur errer
sur ses lèvres en accueillant la nouvelle qu'on lui
annonce. Cependant, poussé par la curiosité, il se
rend à la synagogue; là, au milieu de ces juifs pour
lesquels, dès son enfance, il éprouve un insurmonta-
ble mépris, il aperçoit un homme de chétive apparence, vêtu comme un faiseur de tentes, et dont la
parole, qui sent l'étranger, blesse son oreille délicate habituée aux harmonieux accents de ses poëtes
ou des orateurs du forum. Un sentiment de répugnance s'empare de lui à cette vue, et il serait prêt
à prendre en pitié cette foule qui l'entoure et qui
semble émue. Cependant quelques mots de l'étranger le frappent par leur signification profonde; il
écoute et sa conscience est atteinte; il écoute encore,
et cette parole inculte laboure son cœur comme
une flèche aiguë; à cette émotion qui le surprend
lui-même, et qui bientôt se change en repentir, vous
ne reconnaissez plus un sceptique frivole; bientôt, il
ne se contient plus, mais frappé par une impulsion
irrésistible, et se jetant aux pieds de l'apôtre, il
laisse échapper ce cri qui, sortant de milliers de
cœurs, va transformer le monde: « Que faut-il que
je fasse pour être sauvé? »

Dans cette ardeur première, dans ce trouble suivi
bientôt d'une joie immense, il ne songe pas encore à tout ce qu'il va quitter, il ne sait pas quels
combats terribles l'attendent sur sa route; je ne
parle point seulement ici des passions jusque-là
repues et triomphantes, obligées maintenant de
courber la tête en frémissant sous le joug austère

de la conscience; il est une autre tentation plus subtile et plus dangereuse encore, parce qu'elle n'a rien qui le dégrade. C'est de son imagination qu'elle sortira. Dans une heure d'entraînement, il a pu consentir à porter l'opprobre du crucifié; maintenant il faut s'allier à des sectaires obscurs, il faut prendre pour maîtres et pour frères ces juifs qu'il méprisait la veille; il faut aller dans la chambre haute, il faut dire adieu à ces temples, à ces poétiques merveilles que la plus brillante des mythologies orna de ses séduisantes couleurs; il faut briser ces statues au pied desquelles il adorait la beauté idéale qui visita les Phidias et les Praxytèle.

Ces souvenirs hantent son âme d'artiste. En traversant la place publique, il entend les chœurs des Athéniennes qui chantent les hymnes de Vénus ou de Minerve; plus loin c'est la foule qui applaudit au théâtre les vers d'Euripide et d'Aristophane. Cela se passe sous le plus beau des ciels, dont la pure lumière semble verser sur cette terre enchantée des flots de paix, d'insouciance et de bonheur. De tous côtés montent les voix séductrices; elles l'entourent, elles l'obsèdent, et du fond de son cœur, des souvenirs anciens leur répondent. Ce n'est qu'à force d'héroïsme qu'il leur pourra résister.

Aussi ne soyez pas surpris que le christianisme, à sa naissance et dans sa première énergie, enveloppe les arts dans une proscription universelle, qu'il condamne le culte du beau, qu'il se plaise à humilier l'imagination en ne lui donnant en spectacle que le scandale de la croix et l'opprobre du Christ, ces choses viles et méprisées. Ne soyez pas surpris que saint Paul méprise les discours pathétiques de la sagesse humaine, et qu'il aime à leur opposer sa langue inculte ; ne soyez pas surpris qne les défenseurs du paganisme, que Celse, Lucien et Porphyre, s'entourent de tout le passé poétique de la Grèce, et reprochent aux chrétiens de fouler aux pieds, comme des barbares, les œuvres que les plus grands génies avaient léguées à l'admiration des siècles.

Franchissons maintenant par la pensée quinze siècles tout entiers ; la Rome catholique est assise triomphante sur ce monde que lui a soumis l'habile et patiente politique de ses évêques. Enivrée de ses succès, elle appelle l'Italie entière à parer ses palais et ses églises ; ce peuple d'artistes lui obéit et l'âge de Léon X commence. Je suppose un moine du Nord, âme austère et pieuse, dont les jours se sont écoulés jusque-là sous les voûtes d'un sanctuaire, dans la prière et l'adoration, je le suppose obéissant à un vœu dès longtemps formé, et se rendant en pèlerinage dans la ville éternelle pour venir s'agenouiller aux pieds du successeur de saint Pierre. Il approche, c'est l'heure où le soleil couchant enveloppe d'un nuage d'or la cité qu'il salue avec un attendrissement muet ; il entre, et ses regards étonnés rencontrent partout des jardins splendides, où l'harmonie des flûtes et des luths résonne doucement sous les verts ombrages ; dans l'un d'eux il voit des cardinaux en robe de pourpre, assis sur les gradins d'un amphithéâtre et regardant jouer la *Calandra* de Bibiena ou la *Mandragore* de Machiavel. Sur un canevas impudique s'y étalent les plaisanteries les plus immorales, des scènes licencieuses qu'Aristophane seul avait égalées. Quel est ce vieillard qui applaudit et dirige les acteurs ? C'est le pape, et ces femmes qui semblent parées d'impudeur, c'est le cortége qui entoure les princes de l'Eglise; cependant Rome s'endort dans un calme voluptueux, et dominant la ville immense, la cathédrale de Michel-Ange élève sa croix dorée au-dessus du Colisée et de tous les monuments des Césars.

L'âme blessée et saignante, l'humble chrétien sent gronder en lui une sourde menace; sur le tombeau des apôtres, il pleure la chute de l'Église, et il reprend tristement le chemin de sa patrie. Vienne la voix d'un Luther, et c'est avec transport qu'il l'accueillera. Ne vous étonnez pas que, dans l'ardeur réformatrice qui le possède, il enveloppe dans une même proscription, et la corruption de Rome et les arts sous lesquels elle s'est voilée; ne soyez pas surpris qu'on l'accuse de vandalisme et qu'il mérite ce reproche. Ce qu'il veut donner aux hommes, c'est la vérité. Entre elle et les cœurs, point de voiles, point de molles séductions. L'imagination, il la foule aux pieds pour relever la conscience; la beauté, il la condamne comme une tentation du malin.

J'ai choisi dans l'histoire ces deux exemples, Messieurs; j'en pourrais choisir d'autres encore; je pourrais affirmer que, chaque fois que le sonffle divin est descendu sur la terre, et qu'une rénovation religieuse a remué un peuple jusque dans ses profondeurs, le mouvement qui en est résulté n'a point été d'abord favorable à l'imagination. J'en ai appelé aux premiers chrétiens, aux réformateurs du XVIme siècle, je pourrais citer les ascètes du moyen âge, les huguenots français, les puritains d'Angleterre, l'école de Port-Royal; je pourrais en appeler au réveil religieux contemporain dont nous sommes les enfants, et que nul n'accusera sans doute de trop d'enthousiasme vers le culte du beau.

Nous laisserons-nous entraîner par ces exemples? Proscrirons-nous à notre tour ce que tant d'hommes pieux ont condamné? Certes, une telle proscription serait aisée et la difficulté bientôt résolue. Prenons garde cependant de ne pas mutiler l'œuvre de Dieu; prenons garde de ne pas retrancher à l'arbre quelques-unes de ses branches vitales sous prétexte de l'émonder. Avant de condamner l'imagination, écoutons au moins ce qu'elle aura à nous dire pour sa défense, ne craignons pas de traduire cette noble accusée à notre barre; peut-être saura-t-elle s'y faire absoudre à nos yeux.

II

Remarquons d'abord que l'imagination est un élément constitutif de notre nature, sans lequel l'homme ne serait pas complet. On peut déplorer ses égarements, mais on n'a pas plus le droit de la maudire que la raison ou le sentiment qui, eux aussi, ont leurs excès et leurs dangers. Quoi qu'on fasse, on la porte toujours avec soi; elle peut changer d'objet, elle ne change pas de nature. Ce moine, cet ascète, qui l'a proscrite, et qui, pour fuir ses séductions, est sorti du monde, croyez-vous qu'il échappe à son influence? Non, jusque dans sa vie austère je la retrouve. Je la retrouve dans sa cellule étroite et dépouillée, dans ce vieux crucifix qui étend sur lui ses bras d'ivoire, dans les litanies du monastère, dans le tombeau qu'il se creuse chaque jour, jusque dans cette parole lugubre, la seule qu'il prononce encore: « Frères, il faut mourir! » Oui, l'imagination est là, sévère, effrayante; elle revit sous des voiles de deuil.

D'ailleurs, si l'imagination doit être condamnée, pourquoi Dieu s'est-il plu à la satisfaire dans toutes ses œuvres, pourquoi la création porte-t-elle dans toutes ses parties l'empreinte de cette beauté à laquelle notre âme aspire? C'est sur une terre condamnée et maudite qu'il a semé, comme à profusion, la grâce et la magnificence. Et cependant, la création eût pu sans cela répondre à son but et glorifier son auteur. La plante pouvait donner son fruit sans qu'une fleur délicate nous ravît par son parfum et sa grâce idéale; l'oiseau pouvait parcourir les airs sans son plumage étincelant; le fleuve pouvait arroser la terre sans réfléchir les profondeurs des cieux dans ses ondes bleuâtres et fugitives; le vent pouvait emporter les nuages et purifier les airs sans faire entendre dans les forêts son mugissement confus tout empreint de mystère; les astres pouvaient accomplir leur course et conserver leur harmonie éternelle, sans que la nuit vînt en nous les révélant, éveiller cette contemplation sublime qui saisit l'âme humaine sous tous les cieux; l'univers enfin pouvait subsister sans la beauté. Dieu ne l'a pas voulu. La beauté est partout dans la nature; gracieuse ou puissante, délicate ou sublime, elle est dans la mousse qui couvre un rocher solitaire comme sur les hauteurs des Alpes ou dans les profondeurs de l'Océan.

Dira-t-on que la beauté, telle que la nature la

présente, est sans danger, et qu'elle n'offre à l'âme aucun élément séducteur? Messieurs, l'histoire est là pour nous répondre; elle nous montre sous d'heureux climats des nations tout entières à genoux devant cette idole, et s'éprenant de cette beauté qui les a séduites. Et qu'est-ce au fond que les mythologies antiques, dans leur origine première, si ce n'est des religions de la nature? Cette fascination de la nature est si réelle qu'aux premiers siècles du christianisme, sous le ciel serein de l'Orient, dans ces régions séduisantes, des âmes saintes ne pouvant comprendre que Dieu se plût à parer de tant de splendeurs une terre déchue et souillée, y virent l'œuvre d'un esprit malfaisant, du Démiurge, et s'en détournèrent avec effroi. C'est bien là qu'il faut en venir quand on veut à tout prix condamner l'imagination.

III

Ce que Dieu a fait dans l'œuvre de la création, il l'a fait, Messieurs, dans l'œuvre du salut. Le christianisme ne condamne point l'imagination; je dirais plus : il y a entre elle et lui des affinités profondes. Qu'est-ce après tout que l'imagination? C'est la faculté qui perçoit l'idéal. Et que prétend le christianisme si ce n'est nous révéler Dieu, c'est-à-dire l'idéal suprême. Il est vrai que l'imagination saisit l'idéal par le côté du beau, tandis que le christianisme le présente plutôt à la conscience comme vérité morale. Mais, Messieurs, le vrai et le beau sont deux lignes qui se rejoignent certainement en Dieu. Je sais que, pour nous, tels que le péché nous a faits, la distance entre ces deux lignes est souvent immense, mais je maintiens aussi que plus nous nous élevons, plus elles se rapprochent; j'affirme que souvent elles sont unies même sur la terre, et que rien n'est aussi salutaire que de voir le vrai se produire sous la forme du beau. C'est pour l'âme comme un avant-goût de l'éternelle réparation.

Non-seulement le christianisme ne proscrit pas l'imagination, mais il la relève et la purifie. Et comment n'en serait-il pas ainsi, puisque c'est à l'homme tout entier qu'il s'adresse? Le christianisme est venu rétablir et non mutiler notre âme. Voilà pourquoi, seul entre toutes les religions, il n'a pas besoin de l'ascétisme et qu'il le condamne. L'ascétisme est héroïque, sans doute, mais son héroïsme est celui de la faiblesse. L'ascétisme retranche quelque chose à l'homme. De quelque beau nom qu'il pare son œuvre, c'est à un suicide partiel qu'il aboutit. Le christianisme relève tout dans l'humanité, parce qu'il peut tout sanctifier, c'est là sa force, c'est là que je reconnais le sceau du Dieu créateur. Pour guider le navire de l'humanité sur l'océan du monde, à travers ces innombrables récifs, les religions fausses lui font jeter par-dessus bord la meilleure partie de sa charge; le christianisme met la conscience au gouvernail, l'esprit divin enfle les voiles, et le vaisseau passe en frémissant sur la mer orageuse. J'ose dire que si le christianisme ne sauvait pas l'homme tout entier, il ne serait pas la religion divine, et qu'il faudrait attendre encore que le ciel s'ouvrît pour la laisser descendre.

Cependant, hâtons-nous de le dire, le premier objet du christianisme est de changer la direction du cœur et de le tourner vers l'amour divin. Le salut peut s'accomplir sans que l'imagination ait été atteinte ; si le christianisme agit sur elle, c'est indirectement, mais par une conséquence naturelle. Touchant aux plus grands sujets qui puissent agiter l'âme humaine, il est impossible qu'il ne leur donne pas une expression digne d'eux. Là où souffle l'esprit de Dieu, là doit aussi germer et s'épanouir la véritable beauté.

IV

Ouvrez la Bible, Messieurs. Quelle grandeur dès le début ! Quelle simplicité cependant ! Comparez à la création, telle que Moïse nous l'a racontée, les théogonies des Indous et des Perses avec leurs subtilités puériles et leurs descriptions, où le merveilleux touche à l'absurde. C'est par l'entassement des hyperboles que les auteurs païens cherchaient à exprimer le pouvoir de leurs dieux ; dans la Genèse un mot suffit, et ce mot en dit plus que les images les plus gigantesques. Une parole triomphe de la matière et y jette l'harmonie et la fécondité ! Que de siècles il faudra aux nations païennes pour se dégager de cette lourde étreinte de la nature extérieure et de la fatalité qui pèse d'un poids accablant sur toutes leurs œuvres ! Le *fiat lux* n'est pas seulement la parole la plus sublime, c'est une révélation morale. Il apprenait au monde qu'au-dessus de la matière, il y a une puissance spirituelle qui le domine, au-dessus des lois fatales de la nature, une volonté libre, source éternelle de tout ce qui est.

Le même caractère de simplicité sublime me frappe dans la création de l'homme. Toute la grandeur de sa destinée est là décrite en quelques mots : Tiré de la terre, il est fait à l'image de Dieu, fait pour l'aimer et le servir. Messieurs, ces paroles ne nous émeuvent plus, nous les connaissons dès notre enfance, et qui donc a la naïveté d'admirer son catéchisme? Cependant, si cette vérité, qui nous paraît banale, se trouvait dans Platon, il n'y aurait pas assez d'enthousiasme pour l'accueillir. Platon n'a fait que l'entrevoir. Elle est dans la Bible, elle y était depuis mille ans déjà, quand Platon cherchait péniblement à en balbutier les premiers mots. — Et, dans ces tableaux successifs de la chute, du déluge, de la dispersion des peuples, où l'image sans doute joue un grand rôle, quel sens profond et redoutable, quelles perspectives immenses ouvertes dans l'histoire de l'humanité! Quelques traits, où la naïveté se mêle à la profondeur, suffisent à marquer les annales de ces premiers siècles; tout y est élevé, rien n'y est bizarre, ni fantasque. L'enfant qui lit cette histoire est saisi; sa conscience est frappée, car l'idée morale, l'idée de la sainteté divine, rayonne comme une lumière pure à travers ces récits et en fait la sublime unité. Des poëtes se sont essayés à imiter ce livre que Byron appelait le plus grand des poëmes. Milton, aveugle, s'en faisait lire chaque matin quelques passages, et après un moment de recueillement silencieux, il dictait son commentaire immortel du *Paradis Perdu*.

A côté de ces scènes solennelles, voulez-vous entendre les simples accents de la nature antique. Relisez l'histoire des patriarches, ces vies grandes et sérieuses, qui s'écoulent dans ces déserts dont la présence de Jéhovah remplit la solitude silencieuse. C'est Abraham, et aussitôt vous vous souvenez de sa marche funèbre vers le Moridja, et de cette parole sublime : « Dieu y pourvoira, » dans laquelle son cœur de père et sa foi se sont réfugiés; c'est Jacob qui, devant Pharaon, résume ainsi sa longue existence : « Il y a cent trente ans que je suis voyageur; mes jours ont été courts et mauvais, et ils n'ont point égalé ceux de mes pères; » c'est Joseph, Joseph, Messieurs! Pouvez-vous lire sans émotion cette histoire où les sentiments les plus délicats sont racontés avec un accent si naturel? Rappelez-vous qu'en la lisant, Voltaire ne ricanait plus, et que des larmes d'admiration (nobles larmes, et qui effacent bien des outrages) coulaient sur sa face moqueuse.

Un des traits qui me frappent dans le langage de la Bible, c'est qu'il n'a rien de l'élévation guindée de ce que la rhétorique appelle le style soutenu, et qui n'est à vrai dire que le style apprêté.

Dans la Bible, comme dans Shakespeare (permettez-moi cette comparaison), le style grandit avec les pensées, naturellement, sans prétention. Des hauteurs des cieux, il redescend sans effort vers la terre, et décrit les plus humbles sujets, sans chercher à les ennoblir par une pompe factice. De là une foule de pages, où vous chercherez en vain la beauté parce qu'elle y serait déplacée; ainsi les lois de Moïse avec leurs détails infinis et les descriptions monotones des cérémonies du sanctuaire. Ces détails, ces descriptions, il les fallait, Messieurs. Alors, l'amour de Dieu n'avait point encore éclaté sur le Calvaire, sa grâce n'avait point encore gravé dans le cœur humain la loi de la sainteté et de la charité ; il fallait donc cette loi extérieure, cette discipline extraordinaire, cette législation minutieuse, ce culte dont les détails enveloppaient par avance tous les actes de la vie. Mais élevez-vous au-dessus des détails jusqu'à la pensée qui les inspire, et dites si ce n'est pas un spectacle merveilleux, unique, que celui d'un peuple entier qui n'existe que pour servir Dieu, et dont les lois, les fêtes, les tristesses et les gloires, les humiliations et les conquêtes, se rapportent toutes à cette vocation sainte. Israël est l'exécuteur des desseins du Très-Haut. La sainteté de Jéhovah couvre d'une ombre solennelle toute sa législation. La loi du sacrilége domine toutes les autres ; terrible, inexorable, elle s'applique à tous, aujourd'hui, elle arme le prince du glaive du bourreau, demain, coupable à son tour, il en sera la victime.

Mais au-dessus de cette loi de sainteté qui nous épouvante, parce que nous l'avons violée, quelles lumineuses échappées sur le caractère divin tout entier ! C'est le Dieu des veuves et des orphelins, dont la miséricorde s'étend jusqu'en mille générations, c'est le Dieu qui aime et qui pardonne. Quelle mansuétude adoucit les prescriptions de Moïse ! L'esclave devient le serviteur de la famille, une fête périodique délivre le pauvre de l'oppression du riche, le pardon des ennemis est inscrit sur ce code inexorable, et l'animal même est protégé.

Plus je pénètre dans l'Ancien Testament, plus se développe à mes regards cette poésie sainte et grande qui le distingue entre tous les livres. Elle brille avec éclat dans les écrits des prophètes. Messieurs, un peintre médiocre, mais qu'une grande pensée avait frappé, a représenté dans une toile éloquente les plus illustres martyrs de tous les siècles (ai-je besoin de dire que les plus grands génies y tiennent la première place). Et bien, les livres des prophètes nous montrent la chaîne non interrompue des âmes les plus saintes que le monde ancien ait connues, et je ne sais rien de plus émouvant que cette succession des témoins de la justice éternelle. Guerrier ou prêtre, pâtre ou roi, le prophète est solitaire au milieu du peuple. Israël s'est endormi dans la prospérité, la vie religieuse est éteinte, la corruption envahit les derniers degrés du trône, le pauvre est opprimé, le riche étale avec orgueil son luxe insolent, le prêtre lui-même est infidèle et garde le silence... alors le prophète paraît, il plaide la cause du Dieu qu'on oublie, il raconte les délivrances d'autrefois... il menace de ses jugements futurs, il entre, comme Nathan, dans le palais d'un roi criminel, et par une apologue admirable, lui arrache un cri de repentir, mais le plus souvent sa voix se perd dans le vide, et après l'avoir entendu, le peuple court au Dieu Moloch et à ses infâmes turpitudes... alors, morne, éploré, le prophète sent le froid gagner son âme; de la terre qui le repousse, il tourne vers le ciel un regard inquiet, il lui jette ce cri des martyrs de tous les siècles : « *qui a cru à notre prédication?* » Il s'assied dans le sac et la cendre, il pleure sur Jérusalem dont il contemple d'avance les ruines... mais l'esprit du Seigneur le relève... il aspire au temps de la réparation éternelle, il voit le désert fleurir et les moissons couvrir le sol desséché, il voit la justice et la paix se rencontrer, la terre soumise au Prince de paix qui l'a conquise, et alors éclatent sur ses lèvres ces hymnes merveilleuses d'allégresse et de reconnaissance, où la création tout entière semble prendre une voix pour louer Dieu.

J'oubliais de parler du livre de Job. Mais, dans quelle œuvre humaine, la douleur trouva-t-elle une expression plus lugubre et plus poignante? Quel poëte a mieux exprimé que l'Ecclésiaste, ce morne découragement qui saisit toute âme élevée, quand elle n'a pas pris son refuge plus haut que la vanité qui passe, jusque dans le sein du Dieu qui est éternel. Et les Psaumes, quelle majesté dans leurs descriptions de Dieu, quelle tendresse dans ses rapports avec les enfants des hommes! Quelle vérité dans les accents de cette âme émue, tour à tour exaltée, abattue, calme ou déchirée par les remords! Qui n'y a reconnu sa propre histoire! Qui donc, dans les angoisses de la vie, n'a murmuré quelques-unes de ces strophes, en sentant qu'elles donnaient une voix à son âme! Jamais poésie ne fut plus pénétrée de la pensée de Dieu, jamais non plus poésie ne fut plus sincèrement humaine. C'est un fils de la femme qui nous parle, son cœur bat comme le nôtre, et son front est éclairé d'un reflet de la lumière éternelle.

V

Et l'Evangile, Messieurs, certes jamais livre ne prétendit moins à la beauté littéraire... c'est l'œuvre des humbles adressée aux humbles, mais comment ne pas plaindre celui qui ne sentirait pas le charme inexprimable de cette simplicité sans égale! Relisez-en les premières pages, la solennelle apparition de

Jean-Baptiste, la visite de l'ange à Marie, le cantique de reconnaissance et d'adoration que la vierge adresse à son Dieu, l'hymne sainte que les bergers entendent dans la nuit mystérieuse où naquit le Sauveur. Songez que c'est dans une époque de scepticisme universel, sur un monde plus épuisé, plus corrompu que le nôtre, que cette poésie pleine de fraîcheur est descendue comme le souffle de l'aurore. Parcourez les Évangiles, et dites-nous si jamais on a raconté comme ces pêcheurs de Galilée. Cherchez-y la recherche de l'effet ou le désir d'émouvoir leurs lecteurs. Vous trouverez une naïveté sans égale, une absence de recherche personnelle qui leur laisse raconter leurs propres fautes et jusqu'à leurs lâchetés, et cependant, comme en quelques traits, ces ignorants savent peindre un caractère de telle sorte qu'on ne l'oubliera plus. Quelle scène, par exemple, que ce festin nocturne dans le palais de Machéronte, que ce court et sinistre dialogue entre Hérodias et Salomé, quel tableau de l'amour maternel que ce récit où la Cananéenne lutte aux pieds du Christ, quel accent inimitable de vérité dans l'histoire de la guérison de l'aveugle-né! Ce qui frappe dans l'Evangile, c'est la sobriété de toutes ses peintures, et chose unique dans l'histoire littéraire, cette sobriété n'amène jamais la sécheresse. J'ajouterai même que l'Evangile me frappe par ce qu'il ne renferme pas. Nul trait vulgaire, nul sentiment grossier ne se mêle à l'œuvre de ces hommes du peuple. Ils ont la délicatesse la plus exquise, sans l'apparence même de la recherche et de l'effort. Leur style s'est élevé avec leur pensée... c'est Paul de Tarse, le pharisien légal et contempteur de l'éloquence humaine, qui a tracé ce merveilleux tableau, dirai-je, ou cette hymne à la charité qu'on n'égalera jamais, c'est un pêcheur de Galilée qui a écrit ce quatrième Évangile, dont le langage élevé, mystique et tendre à la fois, en fait un monument unique dans l'histoire religieuse de tous les siècles... Que vous dirais-je, Messieurs, de l'enseignement du Christ? La poésie ne sort-elle pas à flots de sa bouche divine. Jamais les vérités éternelles ne sont énoncées par lui sous une forme abstraite ou dogmatique... la nature est pour lui un livre divin où il retrouve le Dieu qui aime et qui pardonne... il parle du ciel sans effort comme quelqu'un qui en est descendu... tout, dans ce qui l'entoure, devient une image des réalités spirituelles. De là ces merveilleuses paraboles qui, par un privilége unique, sont comprises de tous les enfants des hommes, par les ignorants comme par les penseurs, et qui font pleurer peut-être à cette heure quelque pauvre sauvage de la Nouvelle-Guinée, qui lit son histoire dans celle de l'enfant prodigue, ou de la brebis égarée... La fleur des champs dont Jésus se plait à relever la beauté lui parle de l'amour du Père, les fruits de la terre lui rappellent les œuvres spirituelles, les oiseaux du ciel qui ne sèment ni ne moissonnent, les brebis qui paissent devant lui dans la prairie, la montagne, les lacs, les moissons, tout lui sert d'image du monde invisible, tout lui parle de Dieu... Voulez-vous des tableaux sublimes, écoutez cette voix tonnante, qui, sous les voûtes du temple, en présence d'un peuple que l'étonnement rend silencieux, dénonce les conducteurs de la nation et leur lance l'anathème précurseur de la condamnation divine; écoutez ce récit grandiose du jugement dernier où toutes les générations humaines paraissent au pied du Juge comme un troupeau de brebis et de boucs. Ne sentez-vous pas que cette voix, qui s'est fait entendre dans un district éloigné de la Galilée, et qui semble s'être perdue dans cette étroite enceinte, va traverser les monts et les mers, qu'elle va remuer le monde, ouvrir à la pensée humaine des horizons inconnus, et la pénétrer de la grande idée de l'infini, de l'éternité?

VI

Comment vous parlerai-je de la personne du Christ, Messieurs, et de l'impression qu'elle produit sur mon imagination? J'aimerais oublier un moment que je suis chrétien, oublier tout ce que j'ai appris dans l'Evangile, contempler pour la première fois cette sainte, cette adorable figure, et vous dire ce que je sens en sa présence... On peut dépeindre la beauté imparfaite, parce que quelque trait l'emporte alors toujours sur les autres et fixe l'attention. On parle de la modération d'Épaminondas, de la constance de Régulus, de la foi de saint Paul, de la charité de Vincent de Paule... mais quel trait relever en Jésus-Christ? En lui tout est harmonie, et son caractère répond à l'admirable définition que Pascal a donnée de la perfection, il remplit les deux extrémités et tout l'entre-deux. Tous les traits se fondent en lui et viennent se résumer dans le caractère de sainteté et d'amour qui les couronne... en sa présence, on n'analyse plus, on admire, et quand on est droit de cœur, on s'agenouille et on adore. — On a souvent parlé du ciel, mais qui donc en a parlé comme Jésus-Christ? En l'écoutant, on voit bien qu'il en est descendu... D'où vient cette auréole divine qui l'entoure? Quand les hommes dépeignent un dieu ou un héros, c'est à force de grandes images et de brillants tableaux qu'ils représentent sa majesté. Quel est donc le secret des évangélistes d'avoir su, sans le moindre effort de style, donner à cette figure un cachet divin qui frappe les moins prévenus? Jésus-Christ s'élève sans orgueil, il chemine au milieu de l'humanité, comme étant au-dessus d'elle, jamais il ne s'associe à nous dans son langage... partout on sent qu'il est d'une autre origine... et cependant, parmi tous les enfants des hommes, qui, plus que lui, nous gagne par un sympathique attrait... Ah! Messieurs, essayez d'arracher de l'histoire la figure du Christ... Dites-nous quelle sera votre consolation et votre espérance, et ce qui vous resterait dans les ténèbres du doute et du néant.

L'Evangile, ai-je dit, me frappe souvent par son silence... J'ai parfois été surpris en effet du calme, dirai-je, ou de l'impassibilité des évangélistes, en nous racontant la vie du Sauveur. J'étais frappé de voir ces hommes ne jamais mêler à leurs récits leurs impressions personnelles, ne jamais prendre parti contre les ennemis du Christ, n'exprimer aucune admiration pour sa personne, et raconter sa mort sans y mêler une larme ou même un regret... puis, en y réfléchissant, j'ai compris ce silence... j'ai senti qu'en présence du Saint et du Juste, le silence était le meilleur hommage, qu'il y a des impressions auxquelles manquent les paroles humaines; j'ai vu que c'est aux endroits peu profonds que le fleuve s'agite et bouillonne, et que les grandes émotions aussi, au lieu de se prodiguer à la surface, se taisent et écoutent. La divinité du Christ en est ressortie plus claire, plus resplendissante à mes yeux.

Enfin, Messieurs, l'admiration augmente, quand on songe au milieu d'où la Bible est sortie. Vous connaissez tous quelque chose de la littérature de l'Orient, il ne se peut que vous n'ayez été frappés par les caractères qui la distinguent. C'est un amour du merveilleux et de la subtilité qui se retrouve dans toutes ses œuvres, et qui fait d'autant plus ressortir la simplicité de l'Écriture. C'est une poésie où la louange des héros dépasse tout ce que l'Occident a produit de plus exagéré, et qui contraste, de la manière la plus frappante, avec l'accent de vérité de la Bible; car, Messieurs, et c'est là un trait qu'on ne peut négliger, la Bible est le seul de tous les livres qui ne flatte jamais la nature humaine. Même lorsqu'elle dépeint l'homme dans ce lointain mystérieux des premiers âges, où l'imagination se livrerait si aisément à des conceptions grandioses, même alors point de tableaux flatteurs, point de complaisante hyperbole. On sait combien la critique moderne a parlé des vues étroites, des préjugés nationaux des écrivains sacrés, de leur partialité pour tout ce qui touche à la gloire de leur pays. J'aimerais bien cependant que l'on m'indique un peuple, je dis un seul, dont les poëtes ou les historiens nationaux parlent avec un tel accent de leurs gloires patriotiques. Qui donc nous a révélé les faiblesses ou les crimes d'un Moïse, d'un David, d'un Salomon ou d'un saint Pierre, qui donc nous a laissé ces descriptions dont nul n'égalera la sincérité? Veuillez le remarquer cependant, si la Bible ne flatte jamais l'homme, jamais non plus elle ne le dénigre, ni ne l'avilit... fils de la terre, il est fait pour le ciel, et si bas, si chétif qu'il soit, c'est à cette vocation sublime que toujours elle le ramène. S'il s'élève, elle l'abaisse, s'il s'abaisse, elle l'élève, et lui montre ainsi, selon l'énergique expression de Pascal, que sans le christianisme, il reste à lui-même un monstre incompréhensible.

Et, ce n'est pas de l'Orient seulement, c'est de la Judée que la Bible est sortie. Avez-vous lu, Messieurs, quelques livres de la tradition des juifs, quelques fragments du Talmud par exemple? Je vous défie de n'avoir pas cédé bientôt à un sentiment invincible de répugnance et de dégoût. — Ces subtilités raffinées, ce ton sentencieux et monotone, ces dissertations rabbiniques, où l'étrange le dispute au mauvais goût, voilà les ronces qui croissaient sur ce désert aride que le souffle de Dieu a fait fleurir et couvert d'une végétation magnifique.

Aux grandes choses, il faut de grandes âmes. Pour comprendre la beauté des Écritures, il faut s'arracher aux préoccupations mesquines, qui rappetissent le cœur et l'étouffent ; voilà pourquoi, dans les émotions profondes, le langage de la Bible acquiert une incomparable solennité. La mort elle-même n'est pas à sa hauteur. La mort qui fait sentir tout le néant des paroles humaines, est vaincue par la Parole de vie. C'est au cimetière qu'il faut aller apprendre tout ce que Dieu sait dire pour consoler l'humanité.

Au moment où je parle, un événement s'est passé

qui en dit plus que mes paroles. Dans l'Ancien et le Nouveau-Monde, deux peuples se sont tournés vers l'Océan qui les séparait... ils ont attendu longtemps penchés vers l'espace immense... car, dans les profondeurs des eaux, un fil mystérieux allait porter, pour la première fois, la pensée humaine des rives de l'Europe aux bords lointains des Etats-Unis... L'Ancien-Monde allait saluer le Nouveau... Et bien, dans cette heure solennelle, pour exprimer tout ce qui se passait dans les cœurs, quelle langue humaine aurait su parler? L'homme s'est tû, et les paroles divines que les anges chantèrent il y dix-huit siècles, sur le berceau du Rédempteur, ont traversé l'Océan. « Gloire soit à Dieu, au plus haut des cieux, paix sur la terre et bienveillance envers les hommes! » Voilà ce que l'Angleterre a dit à l'Amérique, voilà comment parle la Bible, et ce qu'après dix-huit siècles elle enseigne à l'humanité.

VII

Ainsi ne nous y trompons pas! Si le christianisme à son début a semblé proscrire l'imagination, il venait en réalité la retremper aux sources d'une poésie éternellement jeune : ce qu'il dut faire en ce sens, essayez de le comprendre. Voici les jours dépeints par Juvénal et par Tacite. La servitude et la corruption sont partout et s'étalent avec insolence. Rome est devenue le réceptacle de toutes les abominations de l'univers; la religion les sanctionne et leur ouvre ses temples, et le grand-prêtre de la religion c'est l'empereur. Les patriciens n'ont plus

même le souvenir de leur antique orgueil ; les dé-
lations et les débauches les ont assouplis ; c'est à
qui rampera plus bas ; ils luttent de servilisme. Le
peuple, laissant le travail aux esclaves, demande chaque matin des jeux de cirque et du pain. Voyez cette
multitude immense qui envahit les degrés de l'amphithéâtre ; ce sont, qui le croirait, les fils des vain-
queurs du monde. Je ne sais quelle expression de
morne lassitude et d'ennui couvre tous ces visages ;
on y voit le dégoût de la vie, une bassesse et une
inertie impassible, qui ne laisse plus de place qu'à
une curiosité sensuelle et féroce ; il leur faut des
voluptés inconnues, auxquelles se mêle le spectacle
de l'agonie et du sang. Ils attendent, et les rugisse-
ments des bêtes féroces qu'on entend dans les caves
du cirque n'est pas plus lugubre que le bruit sourd
de cette foule impatiente. Tout à coup, les barrières
s'ouvrent ; une famille de proscrits entre dans l'a-
rène, ils vont mourir, et le cri de haine qui les
accueille le leur annonce assez ; ils vont mourir, et
cependant je ne sais quel reflet de vie éternelle illu-
mine leurs fronts d'une pure auréole ; le père est là,
calme, tranquille, entourant de son bras ceux qu'il
va perdre, et les offrant au Dieu que son regard contemple sans faiblir ; sa jeune épouse serrant ses enfants sur son cœur, offre à cette foule corrompue
l'image d'une pureté que Rome ne connaît plus. Ah !
ne sentez-vous pas que tout ce qui fait la grandeur de
l'âme humaine, la noblesse, l'amour, la liberté, est
là dans cette arène, et que le sang de ces chrétiens,
qui va rougir le sable pendant que leur bouche laisse
échapper une prière, va devenir la source d'une
poésie inconnue à ce monde, et profonde comme le
ciel dont elle est descendue.

J'ai dit que toutes les époques de ferveur religieuse avaient d'abord été défavorables à l'imagination, j'ai cité l'exemple des ascètes du moyen âge, des huguenots, des puritains, des jansénistes, mais, Messieurs, ne me suis-je pas trompé? A chacun de ces noms que je prononce, se rattachent quelques-unes des plus belles œuvres que l'imagination des hommes ait jamais produites. Oui, c'est dans ce moyen âge, si longtemps accusé d'une sécheresse inféconde, qu'elles s'élèvent ces cathédrales si souvent décrites; c'est le temps

> Où Cologne et Strasbourg, Notre-Dame et Saint-Pierre,
> S'agenouillant an loin dans leurs robes de pierre,
> Sur l'orgue universel des peuples prosternés
> Entonnaient l'hosannah des siècles nouveaux nés.

C'est dans ce moyen âge tout bardé de scolastique, que le Dante écrit sa *Divine Comédie*. La réforme nous laisse les psaumes de Luther, et les mélodies de Goudimel qui crée la musique française. Un huguenot, Agrippa d'Aubigné, trace d'une main pressée, et sous le feu de l'ennemi, quelques fragments immortels de la seule épopée dont puisse se vanter la France, c'est un puritain vieilli dans les luttes théologiques de son époque, qui donne le *Paradis Perdu* à l'Angleterre. Port-Royal, Messieurs, comment prononcer ce nom, sans songer à Corneille et à Racine qui s'y rattachent par tant de liens? Non, grâce à Dieu, quand l'âme est remuée dans ses profondeurs, la poésie en sort comme le feu du volcan. Si toute grande émotion peut devenir éloquente, si des passions tout humaines ont souvent touché d'un charbon de feu des lèvres jusque-là muettes, que sera-ce de l'émotion religieuse, que sera-ce de l'amour de Dieu?

VIII

Dira-t-on qu'elles sont taries ces sources profondes que le christianisme a fait couler sur la terre? Mais, Messieurs, l'âme humaine en est pénétrée, elles se mêlent désormais à ses plus nobles aspirations. De toutes ces grandes pensées que le christianisme nous a léguées, je n'en veux examiner qu'une seule, c'est le rôle de la douleur. D'où vient qu'en lisant les poëtes anciens, même les plus grands, même Homère, si votre esprit est charmé, vous sentez qu'il vous manque encore quelque chose, et que votre idéal n'est pas satisfait? C'est que les poëtes anciens, ignorant la grandeur de nos destinées, plaçant toute leur félicité sur la terre, n'ont que le charme séducteur de l'insouciance, que la grâce de la beauté qui passe... ce charme, cette beauté, ont un puissant attrait, sans doute, mais nous ne pouvons plus nous y abandonner, et pourquoi? Ah! Messieurs, c'est qu'entre le monde ancien et nous, une croix s'est dressée, et qu'on ne peut faire autrement que de la rencontrer sur sa route. L'amour expiateur, voilà ce qui fait pâlir tout le charme de l'insouciance païenne. Depuis que Jésus-Christ a souffert sur la croix, la douleur est un saint baptême sous lequel doit passer tout ce qui porte le cachet de la grandeur et de la beauté. C'est en vain qu'on voudrait nous rappeler à l'idéal antique : nous en avons trop vu pour qu'il nous satisfasse.

> Quand Horace, Lucrèce et le vieil Epicure,
> Assis à mes côtés m'appelleraient heureux,

> Et quand ces grands amants de l'antique nature
> Me chanteraient la joie et le mépris des dieux,
> Je leur dirais à tous : Quoi que nous puissions faire,
> Je souffre, il est trop tard : le monde s'en fait vieux.
> Une immense espérance a traversé la terre ;
> Malgré nous, vers le ciel, il faut lever les yeux.

J'aime à citer, Messieurs, ces vers d'un poëte contemporain, ils suffisent à prouver ce que j'avance, à montrer quelle puissance le christianisme exerce encore sur un siècle qui croit l'avoir renié.

Mais ici, Messieurs, on m'arrête, on me dit : « Prétendez-vous que le christianisme développe l'imagination dans tous les sens, prétendez-vous qu'il lui ouvre tous les domaines ? » Non, Messieurs, je n'ai point cette prétention. Le christianisme n'est point universel, en ce sens qu'il est saint. Et qu'est-ce que la sainteté, si ce n'est une limite placée sur la route du mal et des entraînements de la chair ? Il est toute une classe d'œuvres d'art que le christianisme proscrit sans pitié. La seule question qu'il reste à décider, c'est si le christianisme, par cette proscription, appauvrit l'imagination humaine, et ne lui laisse plus, comme on l'en accuse, qu'un cadre étroit et stérile. Ici, Messieurs, je ne redoute pas l'examen, et je demande hardiment à mes adversaires, si les plus grands chefs-d'œuvre dont se vante l'esprit humain seront de leur côté ou du mien. Leur part est grande, à quoi bon le nier ? La passion coupable a été souvent revêtue de tout le charme séducteur des plus beaux des arts ; il y a une verve sensuelle qui a eu aussi ses inspirations. Mais, en renonçant à cette part du diable, perdrons-nous beaucoup ? Non, Messieurs. Après tout, les œuvres éternelles, les œuvres belles et sublimes, sont celles que l'idéal a revêtues de son empreinte, celles qui éveillent en nous le sentiment de l'infini. Or, la passion sensuelle et grossière n'a rien à faire avec l'infini, elle regarde à la terre, et si elle suivait sa pente, elle se dégraderait jusqu'à la laideur. Savez-vous ce qui donne tant de prestige et de beauté à certaines passions coupables, dont la peinture a produit des chefs-d'œuvres immortels? c'est l'idée morale qui s'y est mêlée. Ne vous y trompez pas. Si Phèdre vous captive, c'est qu'elle hésite, c'est qu'elle se repent. Abandonnez-la tout entière à sa passion; loin de vous intéresser, elle vous repoussera, soyez-en certains. L'archange déchu de Milton vous frappe aussi d'une admiration involontaire, et pourquoi? C'est que le poëte lui a donné une grandeur, une noblesse, où vous retrouvez sa première origine. Voilà pourquoi nous pouvons dire à nos adversaires : « Ce qu'il y a de beau, d'idéal dans les créations que vous vantez, c'est l'étincelle divine qui s'y retrouve, ce n'est pas le mal que nous y condamnons.» Je vais plus loin, et j'affirme que le christianisme a fait plus qu'on ne croit pour garder l'art moderne des aberrations auxquelles il serait fatalement entraîné par sa nature. Quelle est l'histoire de tous les grands mouvements de l'imagination humaine? Ils commencent par l'idéal et finissent, soit par le mauvais goût et la subtilité, soit par la dégradation sensuelle. C'est là, semble-t-il, leur penchant inévitable. Or, est-ce trop affirmer que de soutenir que le christianisme, en rappelant toujours l'âme aux grandes pensées qui sont les jalons de la vie morale, la garde des subtilités et des raffinements dont l'amour-propre en est la cause? Est-ce trop affirmer que de prétendre qu'il la rappelle toujours à l'idéal en l'arrachant aux entraînements de la chair? Mais c'est précisément cet éloignement de la chair qu'on reproche au christianisme, on l'accuse d'un spiritualisme infécond et glacial. Messieurs, le reproche porte contre l'art catholique au moyen âge, mais nous le repoussons absolument en ce qui concerne le christianisme lui-même; nous avons dit plus haut nos raisons : nous croyons que le christianisme comprend et sanctifie tout ce qui est légitime en l'homme, et que ce qu'il repousse n'est pas du domaine de l'idéal.

Au reste, les faits parlent pour nous. Combien de peintres, de musiciens ou de poëtes, ne pourrions-nous pas nommer, qui, après avoir jeté quelque éclat peut-être, ont vu leur imagination s'allumer d'un nouveau feu au contact du christianisme, et ont atteint les hauteurs de l'art portés sur les ailes de la foi! Nommez-m'en, vous dirai-je, nommez-m'en un seul qui ait gagné quelque chose à renoncer à l'idéal chrétien, et qui ait pu dater un nouvel essor du jour où il a renoncé à croire.

On a vu des écoles puissantes s'insurger contre le christianisme, en lui reprochant d'amoindrir, d'étouffer l'imagination. Elles annonçaient que l'art affranchi des entraves du passé allait s'élancer dans des voies nouvelles. Ainsi parla le XVIIIe siècle; il a eu le temps d'agir. Que nous a-t-il laissé, en peinture, en musique, en poésie? Quand on veut citer les plus beaux morceaux de Voltaire, on en appelle à Zaïre, c'est-à-dire à la seule de ses pièces où le sentiment chrétien joue un rôle. Quand on veut citer les pages les plus éloquentes de Rousseau, on en appelle à sa sublime apologie de la conscience et de la loi morale. Oui, Messieurs, les vraies beautés du XVIIIe siècle, le christianisme peut les reconnaître, que dis-je, il les peut réclamer. De nos jours, l'école saint-simonienne a fait au christianisme les mêmes reproches; elle aussi voulait ouvrir les portes de l'avenir à l'imagination jusque-là captive. Elle n'a fait qu'ouvrir les écluses à l'effroyable déluge d'eau tiède de l'humanitarisme, qui a tout affadi, l'art et les convictions, la poésie et les caractères. On a célébré la réhabilitation de la chair et l'émancipation de la femme? En sommes-nous montés plus haut? On a chanté la vapeur, l'industrie, le bec de gaz, la lettre de change et la bobine... en présence de ces merveilles, on serait presque tenté de croire que le christianisme a fait son temps; mais il faudrait aussi reconnaître que l'art a partagé son sort.

IX

Je m'étais proposé, Messieurs, de vous entretenir des dangers de l'imagination. Involontairement j'ai pris sa défense et présenté son apologie. Ai-je eu tort, Messieurs? J'ai peine à le croire; il me semble qu'aujourd'hui le danger ne vient guère de ce côté-là. L'imagination, prise dans son sens le plus élevé, comme la faculté qui perçoit l'idéal, n'est guère, à ce qu'il me paraît, la maladie de notre siècle. Où sont ses victimes? Montrez-moi la jeunesse qu'elle enflamme et qu'elle égare? Cette question est presque dérisoire. Notre siècle est vraiment trop sage pour donner dans ces travers. L'idéal le fatigue et l'importune, on a trop parlé du ciel, il lui faut la terre et la réalité; la croix, a dit M. Proudhon, doit être remplacée aujourd'hui par l'équerre et le fil plombé. Positivisme en philosophie, réalisme en ltttérature, voilà les drapeaux que suit la jeunesse. Dieu me garde de céder ici au plaisir facile de médire de mes contemporains, mais il me semble qu'il faudrait être aveugle pour ne pas voir que le calcul a partout remplacé l'enthousiasme. On calcule dans la science; on néglige de plus en plus le côté des idées générales et philosophiques pour tourner aux applications directes et lucratives; on calcule en littérature et dans les arts; aucune époque ne présente un aussi grand nombre d'esprits distingués, qui, avec de la conscience et de l'indépendance, fussent arrivés bien haut, et qui, se dirigeant selon le goût du public, ont gaspillé leur or pur en fausse-monnaie; on calcule jusque dans la passion; le théâtre contemporain ne met sur la scène que des amours vendus au plus offrant, que des intrigues du demi-monde et de bas lieu. Ce sont des satires, me dira-t-on, je n'en crois rien. Ce n'est pas pour la morale que la foule s'y presse. Une curiosité malsaine explique seule ces tristes succès.

Messieurs, le siècle dernier fut corrompu autant que le nôtre, et plus encore, car ce fut le siècle de Diderot et de la régence, mais il sut conserver de nobles enthousiasmes. Il y avait alors des choses sacrées pour ceux mêmes qui profanaient tout de leur rire impur. La noblesse était frivole et impie, mais elle eut sa nuit du 6 Août, et, par cet élan extraordinaire, elle racheta bien des crimes; le peuple était impie et cruel, mais on le vit « pied nus, sans pain, » sans uniforme et dans un entraînement sans égal, marcher à la rencontre de l'Europe entière. Je ne juge point ces mouvements, j'admire ces élans, cette ardeur inouïes. Il y a trente ans, nous disent nos pères, sous la Restauration, le niveau moral n'était certes pas très-élevé, mais il courait dans les masses et dans la jeunesse un enthousiasme universel ; on s'éprenait de littérature et de libéralisme. Or, ce qui perd les nations, ne nous y trompons pas, c'est moins la fièvre que l'apathie, c'est moins l'erreur que l'absence de vie. Aujourd'hui, on s'éprend peu, et on rit de ceux qui s'éprennent ; je ne sais quelle placidité morne et satisfaite d'elle-même, s'étend sur les fronts les plus jeunes, on n'aspire au relèvement dans aucun sens. Une école s'est formée qui, sous le nom de réaliste, proscrit les plus nobles élans de l'imagination, et salit de ses sarcasmes les marbres purs de l'idéal que le génie créateur des grands artistes a légués à l'admiration des siècles. Il ne lui faut plus de chimères ; c'est à la nature qu'elle veut revenir. La nature ! Messieurs, comme si elle pouvait se comprendre sans idéal, comme si l'idéal n'était pas écrit dans toutes ses pages, quand on la contemple avec son âme et non avec ses yeux seulement ! Laissant donc l'idéal, cette école aspire à tout reproduire, le laid comme le beau, le vulgaire comme le noble ; elle décrit complaisamment la matière et la vie sensuelle. Elle soulève tous les voiles, même ceux qui cachent les plus intimes détails de la vie privée. Elle croit être créatrice, parce qu'elle ose tout dire et tout raconter. Négligeant le côté moral, la peinture des luttes intérieures qui, jusqu'ici, avaient fait la beauté de la poésie, elle ne voit dans ses héros que des jouets des appétits de la chair... Auparavant, le héros était celui qui dominait la nature, on cherchait le sublime dans ce triomphe moral qui fait la dignité de l'âme libre... aujourd'hui, comme on n'a plus la force de dominer la nature, on la réhabilite. Et veuillez, je vous prie, remarquer le contraste. L'antiquité a été souvent matérialiste; elle a chanté souvent, elle a peint les entraînements des sens, le triomphe du plaisir, de la volupté; ignorant la grandeur morale que le christianisme nous a révélée, elle s'est précipitée vers la terre avec une immense ardeur, mais elle a été grande et poétique jusque dans son délire, elle a eu pour l'exprimer la plus gracieuse des mythologies... elle s'est réjouie sous le plus beau des ciels... aujourd'hui, les horizons sont rétrécis... il y a dans la description de la passion que nous donne l'école réaliste, je ne sais quoi de bourgeois et de mesquin qui sent son origine... Elle n'a pas pour elle l'excuse des entraînements, car elle se complaît dans une analyse minutieuse où l'on trouve de tout, du style du journal de modes, de physiologie médicale, et du livre des cuisiniers. Voilà ce qui se lit, voilà ce qui fait fureur.

Messieurs, que deviendra la génération qui s'élève en France dans cet entourage et sous cette influence? Que deviendra cette jeunesse qui applaudit ces pièces, qui lit ces romans, qui apprend à coter à la Bourse ses joies et ses tristesses, ses amours et ses ambitions? On gémit en y pensant, et involontairement on se tourne vers l'Église, qui devrait être au milieu de nous le témoin des vérités éternelles, la conservatrice des nobles sentiments, de tout ce qui fait la dignité de l'âme humaine. Que fait le catholicisme pour sauver les générations contemporaines de ce bourbier fangeux? Messieurs, le catholicisme, sauf d'honorables exceptions, ne proteste pas, il calcule. Il y eut un temps où il marchait en France à la tête du siècle, où il donnait le branle à l'esprit humain. Mais ce temps des Bossuet et des Fénélon n'est plus. Il n'a plus d'inspiration, il ne crée pas, il calcule. Il calcule sa position et salue de ses adulations tout pouvoir qui la lui conserve. Il déserte de plus en plus les hauteurs de la conscience pour descendre aux pratiques les plus extérieures. Le catholicisme, a dit un prélat célèbre, n'est ni un système, ni un sentiment: c'est une pratique. Pourvu qu'on courbe machinalement la tête, que lui importe. Qu'on vienne à lui par intérêt ou par peur, il ne se donne pas la peine d'éclairer la foi et les motifs de ceux qui réclament son secours. Il en a si peu souci, que son argument favori est celui de la terreur. Socialiste ou catholique, voilà son dilemne. L'Église est la gardienne du coffre-fort, a dit récemment un de ses défenseurs les plus avoués. Voilà l'apologétique à la mode, voilà comment on relève l'imagination du peuple. Dans ce siècle d'avidité matérielle, l'Église a conservé le triste monopole de la loterie; ce moyen, jugé immoral par tous les législateurs, sert sous une forme nouvelle à élever les grands monuments de la foi catholique; à Rome, dans les fêtes solennelles, où doivent s'apaiser tous les bruits de la terre, deux maisons restent seules ouvertes, l'église et la loterie. Qu'on s'étonne encore si le spiritualisme disparaît sous le flot montant du siècle! Certes, il y aurait de quoi perdre mille fois courage, et laisser la charrue au sillon, mais, grâce à Dieu, l'histoire nous apprend qu'à de tels abaissements succèdent des réactions inévitables, et que l'excès du dégoût amène souvent le relèvement. Oui, elle se relèvera cette génération qui s'affaisse, elle redemandera le souffle d'En-Haut; nous assisterons peut-être à ce retour vers les choses éternelles; en attendant, tenons d'une main ferme l'étendart qui nous a été donné de Dieu, cet étendart c'est la Croix, c'est-à-dire ce qu'il y a de plus beau, de plus grand au monde, car on ne saurait rien imaginer de plus sublime que l'amour divin qui s'immole. Il ne faut pas qu'il soit dit que, par notre faute, une âme qui cherchait le chemin des hauteurs ne l'ait pas trouvé. Montrons que le christianisme, bien loin de rapetisser l'âme, l'ouvre à tout ce qui est beau, généreux et noble, et que, quand le siècle proscrit ou méprise le culte des grandes choses, c'est dans le cœur du chrétien qu'il trouve un refuge.

X

Et maintenant, Messieurs, que l'imagination a suffisamment plaidé sa cause, laissez-moi plaider à mon tour celle de la conscience, et vous prémunir contre les séductions que le culte du beau entraîne avec lui.

Et d'abord, s'il est certain que, dans son sens le plus élevé, le beau soit toujours la splendeur du vrai, il n'en demeure pas moins vrai que mille fois l'erreur a ravi à la vérité sa noble parure, et s'est présentée sous ses traits aux regards admirateurs des hommes. J'en appelle au monde ancien, à ses mythologies séduisantes. Au reste, le monde n'est point difficile à cet égard ; pourvu qu'il contemple la beauté, et qu'il en jouisse, que lui importe de savoir qui en est revêtu ! Que lui importe que l'hymne qui le ravit par son harmonie s'adresse à Jupiter, à Vénus ou Jéhovah. Il a des pardons pour tout ce qui le charme et le séduit. Pour vous, Messieurs, il n'en peut être ainsi. Vous ne pouvez séparer l'idée morale de la forme, le beau du vrai. Vous ne pouvez applaudir à ce qui corrompt votre âme et détend les ressorts de votre volonté.

Ce n'est pas, Messieurs, que je veuille vous ramener à un plat utilitarisme et vous faire accueillir par un « *à quoi bon?* » toutes les manifestations de la beauté. Je sais que cet utilitarisme est de mode dans un certain protestantisme, et qu'à entendre ses représentants, tout ce qui ne sert pas immédiatement au bien des autres doit être rejeté sans pitié. Il est incontestable qu'une telle disposition d'esprit flétrit la beauté dans sa fleur, et que si on me demande à quoi sert un tableau de Raphaël, ou une symphonie de Beethowen, je n'aurai rien à répondre ; je ferai seulement observer que cet argument porte contre Dieu lui-même, qui a mis la beauté partout dans la nature, comme il en a mis le besoin dans l'âme humaine.

Mais entre cet utilitarisme vulgaire et la tendance toute opposée de l'épicurien qui jouit pour jouir, il y a place pour une union profonde, intime, du sens moral et du sens esthétique. Cela est si vrai, que la gradation du gracieux au sublime que vous observez dans les arts, correspond à une gradation toute morale dans l'âme humaine, en sorte que si fréquemment vous êtes obligés de condamner au point de vue moral ce qui n'est que gracieux, jamais votre conscience ne protestera contre ce qui est sublime. C'est ainsi, Messieurs, qu'en s'élevant on se rencontre toujours, et que si la beauté peut quelquefois vous paraître immorale ou la vertu sans beauté, cela vient uniquement de ce que vous ne les contemplez pas d'assez haut.

Quoi qu'il en soit, prévenus par ce danger, gardons-nous des premiers entraînements, ne nous laissons pas aller à tout ce qui brille, à tout ce qui séduit notre imagination. Gardons notre conscience, car c'est le sanctuaire de Dieu. Je sais, Messieurs, que lorsque l'imagination est ardente, cet effort est difficile, ce sacrifice souvent héroïque. Mais où donc l'héroïsme sera-t-il sur la terre, si ce n'est dans le cœur du chrétien? D'ailleurs, soyez-en convaincus, votre sacrifice ne sera pas stérile; oui, dans cet ordre de pensées, j'ose m'emparer d'une parole du Maître des maîtres, j'ose vous dire: «Celui qui, pour obéir à sa conscience, aura su renoncer aux jouissances de l'imagination, en recevra dès ici-bas cent fois autant, et dans le siècle à venir la vie éternelle.» J'ose l'appliquer, cette parole, à tel poëte, à tel peintre contemporain, qui ont prêté leur muse ou leurs pinceaux à tout ce qui pouvait séduire la foule et leur procurer une popularité rapide. J'ose leur dire: «Si, renonçant à un succès passager, vous étiez restés fidèles au culte des grandes choses, vous auriez laissé au monde un grand nom, et votre conscience vous récompenserait.» J'ose vous dire à vous, Messieurs, qu'en renonçant à telles jouissances inférieures de votre imagination, vous ne vous dépouillez que pour vous enrichir, vous rendez votre âme plus capable de sentir les grandes choses.

Sur le bord de tout chemin qui conduit sur les hauteurs, il y a des Armides dont la voix vous appelle; il faut leur être inflexible si on veut arriver au terme.

XI

Mais je vais plus loin; je suppose que votre imagination ne se nourrisse que des beautés les plus élevées et les plus pures; s'ensuit-il que vous puissiez vous y abandonner sans crainte?

Non, Messieurs, je ne le pense pas, et voici pourquoi: la satisfaction de l'imagination est une jouissance élevée sans doute, mais toute jouissance trop prolongée est un danger. Nous sommes faits, ne l'oublions jamais, pour vouloir et pour agir. Le sentiment trop exalté rompt l'équilibre de notre âme et l'abandonne à des perturbations sans fin. Toute faculté qui se développe aux dépens des autres nuit à l'âme; à la funeste sécheresse du savant et de l'homme d'argent, dont le cœur a passé dans la tête, correspond à l'autre extrémité la sensibilité maladive du poëte qu'entraîne passivement toute émotion passagère.

Rappelez-vous, Messieurs, le début de notre siècle. Il a offert un frappant exemple de la maladie morale que je signale. Quand un régime de sabre et d'algèbre gouvernait la France, quand l'uniforme et la caserne étaient partout à l'horizon, les âmes d'élite, qui vivaient des choses éternelles, se re-

jeunesse souillée, ce triste foyer domestique, ces quatre enfants arrachés à leur mère et portés à l'hospice, cette haine amère, et par-dessus tout cet inflexible orgueil. Cet exemple nous dit assez quel abîme sépare souvent l'imagination de la volonté, l'enthousiasme de l'obéissance.

XII

Ce n'est pas dans la vie individuelle seulement que le chrétien doit redouter de faire à l'imagination une trop grande place ; c'est encore dans le culte, cette vie commune de l'Église. Ici, Messieurs, je dois cependant faire nettement mes restrictions, et avouer que le protestantisme me semble être tombé dans un excès regrettable. Je souffre de voir dans notre culte une si grande part faite à l'intelligence, une si petite réservée au sentiment, à l'imagination. Tout en laissant à la Parole de Dieu et à la Communion la première place, je voudrais que certains côtés de l'âme pussent trouver dans notre culte une satisfaction plus intime ; il y a des moments où l'on est las de la voix de l'homme, où l'on voudrait ensemble adorer en s'élevant. J'avoue, dussé-je courir le risque de paraître bien charnel, qu'un psaume chanté sans mesure et par des voix nasillardes m'édifie peu ; je regrette ces belles et simples litanies du moyen âge que l'Église anglicane a conservées ; je voudrais que le chant sacré tînt dans le culte une plus grande place ; je ne vois pas qu'on prie mieux en esprit et en vérité dans une chapelle mesquine de forme et blanchie à la chaux ;

je voudrais dans nos maisons de prière, non des ornements, mais une architecture pénétrée d'une pensée religieuse, et, si les tableaux ne peuvent y être introduits sans danger, au moins me semble-t-il qu'en dehors du temple, la peinture religieuse doit être vivement encouragée; je crois qu'il y a un plaisir pur et complet à sentir son être tout entier pénétré d'une émotion supérieure, et je me place humblement au rang de ce peuple qui n'est pas intelligence seulement, mais imagination et sentiment.

Ces réserves faites, je sens, plus que personne, tout ce qu'il y a de dangereux dans un culte extérieur et pompeux qui entraîne les masses dans les églises. Je sais combien difficilement la conscience est atteinte, même lorsque le sentiment est vivement ébranlé... Je sens ce qu'il y a de perfide dans ces émotions douces qui caressent l'âme sans la blesser jamais, dans ces larmes que le repentir n'a point fait répandre. Et quand j'entre à Notre-Dame-de-Lorette ou à la Madeleine, quand dans ces sanctuaires, ornés comme des maisons mondaines, j'entends les meilleurs artistes de l'Opéra chanter de gracieux motets à l'honneur de la Vierge, en présence d'une foule qui se délasse et croit accomplir ses devoirs religieux, oh! alors, c'est sincèrement que je regrette et nos voix les plus nasillardes, et notre culte humble et sans beauté. Mais, Messieurs, entre ces deux extrêmes, n'y a-t-il pas une voie moyenne à suivre? Je n'insiste pas sur ce point. C'est une question que je livre à votre sérieuse considération.

tant que nous nous bornerons à résister avec notre imagination seulement, contre le siècle, nous serons infailliblement vaincus. Ce siècle pratique, sans idéal et positif, ainsi qu'il aime à s'appeler, nous a peu à peu communiqué son froid poison. Grâce à son influence, le christianisme, quelque grand qu'il soit d'ailleurs dans l'imagination des chrétiens, est devenu dans ses œuvres petit, faible, méticuleux et craintif. « Vous demandez pourquoi il n'est pas expansif comme on l'a vu l'être ; demandez au fleuve, à qui sa source refuse des eaux, pourquoi il ne déborde pas dans les campagnes ; c'est que les orages, qui accumulent au sommet des monts des trésors de neige et de glace, ont manqué eux-mêmes à cette source lointaine. A la cime de notre vie chrétienne, il n'y a pas d'orages non plus, il n'y a pas lutte et domination sur nous-mêmes ; tout est tranquille ; rien n'est violent, rien ne se soulève en frémissant sur l'immense niveau de la morale du grand nombre ; enfin, ce je ne sais quoi de tragique, qui est dans l'essence même du christianisme, est si peu dans l'esprit des chrétiens de nos jours, que s'il faut chercher aujourd'hui l'héroïsme, personne assurément ne tournera ses yeux vers l'Église de Jésus-Christ. Comme nous savons juger d'un mot les pieuses aberrations des siècles passés ! Cet élan de foi qui poussait des générations successives

venir élever tour à tour ces cathédrales, où nous nous sentons si petits, cette ardeur enthousiaste qui jetait au désert des néophytes encore tout souillés des délices de Rome, ou qui enfermait dans une cellule dépouillée la jeunesse, la grâce et la beauté ; avec un peu de bon sens, aidé d'un peu de dogmatique, nous en faisons bientôt bon marché. Et cependant, Messieurs, n'y a-t-il rien de grand dans ces œuvres, n'y a-t-il rien qui nous fasse rougir? Prenez-les comme les essais d'une force égarée. J'y consens, je le veux, mais encore une fois: quelle force, quelle grandeur! Ah! prenons-les plutôt comme la mesure de ce que nous devrions être et de ce que nous ne sommes pas. Aujourd'hui, notre imagination seule les comprend et les admire; plus instruits qu'eux sur la vraie nature du royaume de Dieu, nous savons moins bien qu'eux que ce sont les violents qui le ravissent. Quelle violence en effet! Quel enthousiasme, quelle persévérance, quelle volonté! Travaux séculaires, lointains voyages, incroyables pénitences, tels furent les travaux qu'ils léguèrent au monde. Et nous, que lui laisserons-nous *?»

Vous sympathisez peut-être, Messieurs, à ces nobles paroles d'un de vos plus grands compatriotes. Prenez-y garde; nous touchons ici à un dernier écueil que je me reprocherais de ne pas vous signaler.

XIV

Si le beau est la splendeur du vrai, il ne s'ensuit nullement que le vrai soit toujours beau, et que tout ce qui est grand moralement parle à notre imagination.

Il est dans la vie du chrétien bien des devoirs obscurs que nulle auréole n'entoure, et, disons-le, ce sont les plus importants, car ce sont ceux de

* Vinet.

chaque jour. Faire ce qu'on doit faire dans la position où Dieu nous a placés, voilà assurément la première tâche du chrétien ; c'est dans sa famille, c'est dans son labeur quotidien qu'il doit commencer par servir Dieu ; il se peut qu'il subisse mille contacts qui l'attristent et qui le ramènent des hauteurs sur lesquelles il voudrait vivre dans le sentier monotone et semé d'épines où il doit marcher ; il se peut que ses intentions soient méconnues, et que personne ne comprenne tout ce qui s'amasse de tristesse dans son âme par l'effet de ces désenchantements continuels. Il se peut que sa vocation soit ingrate et répugne à ses goûts et aux nobles facultés qu'il sent vivre en lui. Souvent alors son imagination le tente, il rêve des dévouements exceptionnels... il se sent la force de soulever le monde... le martyre même ne le ferait pas reculer, mais il ne peut se faire à sa vie... Qui de nous, Messieurs, n'a passé par ces tentations, qui de nous n'a rêvé de ces devoirs exceptionnels, de ces dévouements extraordinaires ? Permettez-moi de vous le dire, cela était bien facile ; ce qui ne l'est pas, ce qui est plus beau, ce qui est plus grand encore, c'est d'obéir. Qu'importe d'ailleurs que le monde nous méconnaisse, puisque Dieu nous voit, qu'il compâtit avec nous, et qu'il nous approuve ?

Il est d'autres devoirs qui parlent à l'imagination et qui sont entourés d'un grand prestige. L'amour, le dévouement, sont de cet ordre-là ; si nul prestige n'entoure l'ingrat et silencieux labeur du chrétien, qui, dans une société corrompue, garde avec soin pour son Dieu sa jeunesse pure, il n'en est pas de même d'autres sacrifices qui se rapportent au bien

de ses semblables, et qui trouvent dans leur sympa-
thie et leur reconnaissance une récompense bien
douce... Et cependant ne vous y trompez pas... ce
prestige ne dure tout au plus que quelques jours.
Il cesse quand on vient à l'application. La charité a
des horizons infinis et des perspectives lumineuses.
La foi aussi (car qu'y a-t-il de plus grand qu'une
existence qui repose sur le Dieu invisible ?) mais
dans la vie de chaque jour, rien n'est plus rebutant
que ces mille petits sacrifices, que cette lutte de
la chair et du sang ; rien n'est plus difficile que de
faire le bien sérieusement pour qu'il porte des
fruits ; bien insensé serait celui qui, séduit par quelque enthousiasme passager, se lancerait avec éclat
dans la carrière, sans se douter des inévitables désenchantements qui l'attendent!

Je sais que, pour qui voit les choses d'en-haut,
rien n'est petit, rien n'est trivial ni mesquin dans
une vie pénétrée par une grande pensée..... de
même que rien n'est mesquin dans la nature,
et qu'une humble fleur est aussi admirable
qu'un cèdre du Liban... mais nous ne voyons
pas toujours les choses d'en-haut, cela nous est
même impossible dans les occupations de la vie,
dans le labeur souvent ingrat de chaque jour. Voilà
pourquoi rien n'est plus périlleux que d'aller au-
devant de la vie et de ses difficultés avec une imagination ardente qui n'est pas soutenue par une
ferme volonté ; voilà pourquoi il ne nous suffit pas
d'avoir quelque flamme passagère, mais il nous faut
encore être formé à la discipline du christianisme,
rompre notre volonté, obéir en un mot, faisant notre devoir, soit qu'il plaise à notre imagination, soit

qu'il la choque, donnant à la conscience l'absolue direction de notre vie.

Ce qui doit nous soutenir, Messieurs, dans cette lutte, et c'est la pensée par laquelle je termine, c'est la certitude que nous avons qu'un jour la beauté et la vérité seront réunies comme elles l'étaient dès l'origine dans le plan éternel de Dieu. Oui, un jour viendra où toutes choses prendront leur vrai nom, où cessera ce mirage du péché qui éblouit encore nos regards, et cette perversion du plan divin par laquelle le vice se pare souvent de tout ce qui séduit l'imagination, tandis qu'un voile de laideur et d'humiliation couvre souvent les plus belles qualités morales; un jour viendra où tout ce que l'imagination humaine peut créer de plus idéal sera consacré à Dieu. C'est l'aspiration, c'est le besoin, c'est l'espoir de toute conscience humaine. Si cette réparation n'avait pas lieu, quelque chose manquerait au bonheur des cieux.

Oui, qu'il vienne ce grand jour, ce jour des réparations et de la justice éternelle, où tous ceux qui ont aimé et souffert pour le Christ seront environnés de gloire et de beauté, qu'il vienne ce jour où tout ce que l'âme humaine a connu de plus grand, de plus idéal, s'élèvera comme une hymne pure, vers Celui qui fut le méconnu et le méprisé des hommes! En attendant, Messieurs, servons-le dans l'humilité, et s'il le faut dans le mépris. Obéissons, c'est notre première tâche, notre premier devoir, tout le reste, suivant sa Parole, nous sera donné par-dessus.

DU MÊME AUTEUR

CHEZ LE MÊME LIBRAIRE

Des causes qui éloignent les jeunes gens du christianisme. Discours prononcé à la première Assemblée générale des Unions chrétiennes de jeunes gens d'Europe et d'Amérique, tenue à Paris le 20 Août 1855.

Genève. — Imp. Pfeffer & Puky, rue Kléberg, 3.